JN410002

각시붓꽃

문효치
1943—2015

국립중앙도서관 출판예정도서목록(CIP)

각시붓꽃 : 문효치 시선집 / 지은이: 문효치. -- 대전 : 지혜, 2015
p. ; cm. -- (지혜사랑 시선집 ; 004)

ISBN 979-11-5728-028-5 03810 : ₩25000

한국 현대시[韓國現代詩]

811.7-KDC6
895.715-DDC23 CIP2015013266

지혜사랑 시선집 004

각시붓꽃

문효치

"뒤돌아보면 내 삶은 험난한 터널 속이었다. 때로는 연기로 가득차기도 했고 때로는 큰 바윗돌이 굴러 떨어져 가로막기도 했고 어떤 때는 폭우로 물이 들기도 했다. 그것들을 돌파하면서 70년을 걸어왔다. 여기 이 시들과 함께."
군산 출신의 문효치 시인이 40여년에 걸쳐 한 권 한 권 낸 10권의 시집들을 3권의 전집으로 묶었다. 1976년 첫 시집『연기 속에 서서』부터 지난 연말 발간한 10번째 시집『칠지도』까지 그의 시를 관통하는 정신은 백제문화에 대한 성찰과 애정이다. 이와 함께 고향 땅과 고향의 정이 묻은 시들도 그의 시를 떠받치는 중요한 축이다.
__ 2012년 7월 13일《전북일보》

시인은 우리 주변에 지천으로 자라고 있는 식물들의 이름도 호명한다. '좁쌀냉이꽃' '층층이꽃' '멍석딸기꽃' '노랑어리연꽃' '각시붓꽃' 등은 생명이 있는 곳에 말이 있고, 이름이 있고, 존재가 있는 것을 새롭게 인식시킨다. 평소에는 우리가 그냥 지나쳐 버리기 십상인 여리고 미약한 벌레와 식물들은 역설적으로 우리 곁에 소우주가 존재하고 있음을 말해준다.
__ 2013년 11월 21일《국민일보》

계간 문예지『미네르바』의 주간으로 우리 일상의 장소와 시간의 흐름을 배경으로 익숙한 사물과 자연물을 시의 단골 소재로 등장시켜 온 시인의 이 시집은 읽는 이에게 소재가 곧 주제라는 인상을 준다. 개똥벌레 부전나비 노린재처럼 미물이라며 우리가 거들떠보지 않는 각종 벌레, 잡초라고 뭉뚱그려 부르는 쇠비름꽃 개구리밥 메꽃 같은 들풀이나 들꽃을 소재로 쓴 시 70여 편이 실렸다. 그야말로 미물과 잡초로 가득한 시집이다.
__ 2013년 11월 23일《동아일보》

시인은 "우리가 흔히 벌레나 풀, 나무 등을 보고 미물이라고 말해버리는 것, 잡초나 잡목이라고 치부해 버리는 것은 중대한 인식의 오류이며 오만이고 편견이다"고 시집 머리에서 일갈한다. 또 "무릇 모든 생명체들은 인간의 지우개로서 지워지지 않는 존엄성을 갖고 있으며, 이 세상 운용의 커다란 질서 속 당당한 구성원으로서의 권리를 갖고 있다"고 했다.
__ 2013년 12월 6일《전북일보》

최근 시선집『대왕암 일출』을 펴낸 문효치 시인은 "미물일지라도 생명이 있다면 저마다의 존엄과 가치가 있다는 생각에서 이들을 시로 담아내는 작업에 힘을 쏟고 있다"며 이같이 말했다. 등단 반세기를 앞둔 시인은 그동안 11권의 시집을 냈다. 이번 시선집은 자신의 대표작으로 꼽은 시편들을 엮은 것이다.
역시 눈에 띄는 시들은 '모시나비' '알락귀뚜라미' '들꽃' '각시붓꽃' 등 곤충과 풀을 노래한 최신작이다. 시에서 벌레(모시나비)는 어느덧 부처가 되고 꽃(노랑어리연꽃)은 노란 별이 된다. 시인은 시멘트 계단 틈새에서 자라는 한 포기 풀에도 시선을 멈춘다. "저 멀리에서 날아오는 별빛을 받아 숨결을 고르고/ 때로는 촉촉이 묻어오는 이슬에 몸을 씻는다/ 그 생애가 길지는 않을 테지만/ 그러나 고운 목숨 하나 말없이 살랑거린다"('풀에게' 중에서). 그는 "곤충보다도 움직이지도 못하는 무명의 풀에 더 애정과 관심이 간다"며 "이들이 지닌 생명의 힘, 에너지, 빛깔을 깊이 탐구해 보고 싶다"고 했다.
__ 2014년 12월 24일 《문화일보》

시인을 설명하려면 분단역사의 아픔을 통째로 짊어져야 했던 집안 내력을 이야기 하지 않을 수 없다. 할아버지도 책을 출간할 정도로 선비였고 지역유지였으며, 부친 또한 대지주의 아들로 태어나 연희전문을 졸업한 인텔리에 시를 썼다.
하지만 6·25를 정점으로 집안이 몰락하는데, 아버지의 월북 사실을 몰랐던 시인의 젊은 날은 고스란히 가시밭길이었다. 연좌제가 있는 줄도 몰랐던 시인은 취직이 안 되고 늘 보안사나 경찰의 조사를 받아야 하는 현실을 어떻게 받아들였을까.
시대의 아픔 앞에서 시인은 항변은커녕 울분을 안으로 삼키는 수밖에 없어 건강은 극도로 나빠졌다. 당시 불안과 위기감, 초조, 울분의 정신적 충격이 누적되어 화병이 깊어졌다고 한다. 34킬로그램의 청년은 아침에 나가면 무사히 돌아올 자신이 없어 죽음의 공포에 짓눌렸던 시기가 10년이나 지속되었다고 회고 한다.
헤어날 수 없었던 청, 장년기의 죽음에 대한 공포와 고독을 극복하는 방법으로 시를 써야 했던 것, 쇼펜하우어를 읽고 노자를 읽으며 위로를 얻었던 시인의 첫 시집은 죽음을 주제로 한 시들이 많다. 죽음을 한 부분으로 인정하려는 심리와 불안한 공포 심리를 노출해서 덜어보려는 마음, 허무주의에 빠진 시가 첫 시집에 수록되어 있다.
__ 2014년 12월 27일 《더데일리뉴스》

삶에 있어서의 공간적 넓이의 확대는 곧 시적 공간의 확대로, 대관령에서 한탄강, 용유도까지에 걸리는 것이다. 이는 초기 죽음을 관망하며 친구나 형제로부터 철저히 격리되고자 했던 내면지향에서 외면지향으로 옮겨 간 것이기도 하다. 문효치 시의 외면지향은 단순한 공간 확대가 아니라 무령왕 내지는 백제의 발견으로 이어진다. 특히 무령왕의 발견은, 생명의 강인함에 의한 부활이 역사적인 실례이다. 이 경우의 부활은 한 줄기 서기瑞氣로 하는 부활이다.
__ 홍신선 · 시인

생명에의 의지, 지향과 과거에 대한 노스텔지어적 정서 사이의 불균형 혹은 이질성은 시인이, 지금, 과거의 기억으로부터 무엇을 건져 올리고 있는가 하는 사실과 관련된다. 여행, 기억이 작고 사소한 것의 아름다움 혹은 부재하는 것들의 무상성, 흔적과 교감하는 것 등에만 집중된 것이 아니라 시인의 사적인 기억과도 밀접한 상관성을 지닌다는 점을 여기서 다시 생각할 필요가 있다. 고향 또는 젊은 시절의 정서에 대한 '재호명'은, 시인이 불러내고 싶은 '무엇', 기억하고 싶은 '무엇'이 바로 어떤 것이냐 하는 것과 연관된다. 흔적, 기억 속에서 애써 찾으려는 것은 그것이 무엇이든 '지금 여기'의 '결핍'을 보상할 수 있는 대상으로서, 단순한 소통, 교감을 넘어서 시인이 의식적 지향점과 직결된다.
__ 김춘식 · 문학평론가

공주나 부여에서 일본까지 건너가 그곳에 남아 있는 백제 절터에서 쓴 위 시를 보라. 그 백제의 절은 지금은 가버린 세월의 유허遺墟로 남아 빈터에 빈 바람만 불고 있는가. 그것도 남의 나라 땅에서. 아니지 않은가. 그 바람은 지금 기둥도 세우고 지붕도 대문도 방도 만들며 인간의, 우주의 집을 짓고 있지 않은가.
__ 이경철 · 문학평론가

최근 씌어지는 문효치 근작들은, 비교적 뚜렷하고도 일관된 자의식 아래 매우 집중적이고 구심적인 제재 선택의 경향을 보이고 있다. 가령 시인은 세상의 주류로 자처하는 도시 문명의 속도나 수직 상승의 활력 같은 것보다는, 서서히 사라져가는 수평적 자연 사물들의 이름을 일일이 호명하고 그것들을 시적으로 재현한다. 그럼으로써 크고 단단한macro hard 것들이 구성해온 세계의 폭력성에 항의하면서, 작고 부드러운micro soft 것들이 구성해내는 새로운 세계의 역리易理를 발견하려 한다.
__ 유성호 · 문학평론가

1부

섬광의 쇠여

병중病中 · 2

끈끈한 고독의 커튼을 내리고
나 어쩔 수 없는 중환重患에 부대낄 때
친구여, 형제여, 또는 남이여,
안으로 잠긴 내 병실의 문을
두드리지 말게나

생사의 경계선에 서서
노송老松의 팔뚝에 걸터앉아
운명의 반짇고리에
색동의 옷감을 재단하는
죽음을 관망하는 것은
온전히 혼자서 차지하는 기쁨

그리고 다시 붉게 터져
죽음을 헤집고
솟아오르는 새살을 지켜보는 것은
다만 혼자서 즐기는 부활일세

오지 말게
세상의 자잘한 모두를 잊고
가슴 깊숙이 들어앉아
나 오늘 부활의 깊은 병을 앓고 있네

병에게

너에게 사랑의 편지를 쓴다
가끔 이름은 바뀌었지만
평생 내 몸속에 들어 나를 만들고 있었지
이런즉 병이 없었다면 나도 없었을 터
어머니가 나를 낳고 네가 나를 길러 주었다
이제 너에게 편지를 쓰는 것은
사실은 내가 나에게 편지를 쓰는 것이다
내가 나를 가장 사랑하노라 쓰기 위해선
내가 병을 가장 사랑한다라고 쓰면 된다
뭐든 오래 같이 있으면 정이 든다
평생을 함께한 너야 말해서 무엇하겠는가
정들면 예뻐 보이는 법
야, 너 참 예쁘구나
세상이 모두 나를 버리려 하는 겨울의 문턱에서도
너는 내 속에 깊이 들어앉아 있구나
밭은기침으로 살과 뼈의 아픔이 잦아들지만
마음의 병도 함께 살고 있다
변치 않는 평생의 벗
오늘은 너에게 편지를 쓴다

섬광閃光의 쇠여

칼이여 쇠여 네가 아직은 나를 죽이지 못하였구나 검은 기름에 젖어 닳아지는 불 닳아지는 손 소나기처럼 태풍처럼 까끌까끌한 소음을 몰아 쳐들어오는 번쩍거리는 쇠여 뱃속에 가득 찬 소화불량의 찌꺼기 유혹의 혓바닥을 거느리고 날카로운 흉기의 날을 갈아대는 그리하여 칙칙한 대숲의 사이사이로 스며드는 바람의 음흉한 수족手足처럼 넘쳐오면서 오 그러나 살의 살 속에 사는 인간의 잔뿌리 뿌리에 서려 있는 질긴 생명을 아직은 무찌르지 못하였구나 섬광의 쇠여

꽃 · Ⅱ

밤마다 머리맡에서는
반짝거리는 눈을 튼다

열 개의 손가락에
등불을 켜 들고

잠에서 깨어나는
육신의 구석구석을 밝혀 쓸며
어둠의 골수에서 자아올리는
그대 쉰 음성의 독창獨唱

귀를 뜨게 한다
입을 열게 한다

그러나 문득
내 품에 덥석 안으면
소스라쳐 창밖으로 튕겨 나가버리며
끈끈한 땀에 배어 시드는 너

밤마다 머리맡에서
비명을 지르며
수레에 실려 유형流刑되어 가는 꽃

화분

어디서 얻은 목숨일까
어떻게 태어났는지를 모른다

동그란 흙그릇에 발을 묻고
너무나 큰 하늘을 쳐 받들어
제대로 자라지 못하는 몸뚱이가
늘 휘어져 구부정하다

봄이 되면
몸속에서 끓던 피가 솟구쳐
머리끝에 붉은
멍울이 열린다

그러면 꽃이라 한다
그러면 꽃이라 하며 사간다

달팽이

귀가 없어
세상은 적막의 심연
태어날 때
눈은 소경 빛도 보지 못한다

뼈도 가시도 한 점 없는
허물어질 듯 작은 몸은
짧고 둔한 촉각을 더듬어
한 줄기 풀잎에 의탁하고

등에 힘겨운 이삿짐은
죽어 저승으로 타고 갈
한 채의 상여
먼 조상으로부터 보내오는
생명의 한 도막을 살아간다

번갈아 찾아드는
낮과 밤은
몸으로 문질러 알아내고
좁은 가슴 울렁거리며
미풍에도 소스라쳐 숨어들지만

이 한 점의 살은
억년 생명이 흘러 지나가는 길

다시 짧은 목숨을 건네어 주며
아 잘 살았다
히히 잘 살았다

소

태어날 때 이미
등은 구부러져 있었다

몸뚱어리에 걸맞아
아무리 부려도 벗겨지지 않는
땀에 배어 반들거리는
구부정한 멍에를 지고

하나님께서는
나의 허리에 적당한 근력을 부어주시고
그리고는 비잉비잉
연자방아에 매어

묵묵히
연자방아나
찧어댈 수밖에 없다

눈을 들어
먼 곳 당신의 나라를 바라며
음머—
돌아와 돌아와
내 귀에 젖어드는 쉰 메아리

이 번뇌하는 살과 뼈를

흐느끼는 혼령을 거두어
하나님
당신의 나라로 가고 싶지만
당신의 나라는 너무도 멀고
내 지혜 또한 짧아

앞산에 흘러가는 안개를 퍼 담고
꾸무럭꾸무럭 눈망울만 굴린다

별안간 게워져
입안 가득히 씹히는
어적어적 오열

매미

매미 소리는 아름답다 울창한 숲속의 신선한 매미 울음이 겨울을 가린다 빈혈의 내 귀 귀는 영화롭다 이명은 왜 매미 소리와 흡사한가 죽음이 오는 소리는 매미 소리와도 같이 아름답다 죽음은 아무데서나 매미처럼 날아온다 아침에 눈을 뜨면 전신을 중압으로 누르는 무기력 무기력은 편안하다 언제부터인가 내 골통 속에 날아든 천국의 매미 죽음의 발자국 소리는 선량하다 흥겹다

풍선

나는 풍선이어요
가슴속에서 꿈꾸던
사랑 같은 건 모두 꺼내 팽개치고
다만 속이 텅 빈
풍선이어요

나는 되도록 가벼워야 해요
사랑을 품으면 무거운 번뇌가 자라서
뜰 수가 없어요

사랑으로 얼룩진 가슴을 후벼내고
그 자리에 푸른 허공을
한 바가지 퍼 담아 가지고
그저 높이높이 오르기만 해요

먹지도 않고 자지도 않아요
투명한 하늘을 향해
그저 위로위로 오르기만 해요

아무의 눈에도 들지 않는
까마득히 높은 곳
잠시 하늘의 변두리를 헤매다가

마침내 여기서 몸을 깨뜨려 사라지면

정말 눈물 한 방울 티끌 하나도
남지 않아요

벌판

그리하여 지금은
늘 지니고 살 수밖에 없는
벌판이로다

잠시 그대 들어와 살다가
황황히 떠나버리고 만
연약한 갈빗대 속
가슴에 지니고 갈 허허로운 벌판이로다

그대로하여 이름 지어진
비단의 숲
숲을 가르고 뚫려가던
오솔길의 가련한 영혼
미루나무의 그늘에 깃을 치며
울어 주던 멧새
꿀벌의 윙윙거림마저도
다 잡아 거두어가 버리고
다만 적막의 무게로
짓눌리는 벌판이로다

님이여
우리가 부르다 만
중창重唱의 새파란 날개들이
여기저기 뒹굴고

눈감지 못하고 죽어간 사랑의 맹세
맹세의 시체가 어지러운

봄볕이 들면 들수록
수림樹林은 진땀을 흘리며
시들어가는 벌판이로다

후울훌 불어도
고스란히 몰아와 쌓이는
하염없는 낙화

가슴을 꿰뚫고 흐르는 강물에
빈 배가 끄덕끄덕 흘러가는
벌판이로다

소록도

— 눈물

이 섬이 왜 아름다운가를 알았네
바다에 떠 있는 신의 눈물

그 투명한 눈물 속에서
아열대 나무는 자라고
제비 날고, 떨어져 죽고

커다란 눈물이 왜 아름다운가를 알았네
견고하게 굳어버린 금강석 덩어리

그 보석에 박힌
문둥이의 슬픔은 반짝거리고
그리움 날고 떨어져 죽고

슬픔이 오래가 이끼가 돋고
아픔도 오래가 곰삭아버리면

그냥 멍한 아름다움이 된다는 걸
그냥 멍한

공산성의 들꽃

이름을 붙이지 말아다오
거추장스런 이름에 갇히기 보다는
그냥 이렇게
맑은 바람 속에 잠시 머물다가
아무도 모르게 사라지는 즐거움

두꺼운 이름에 눌려
정말 내 모습이 일그러지기 보다는
하늘의 한 모서리를
쪼금 차지하고 서 있다가
흙으로 바스라져

내가 섰던 그 자리
다시 하늘이 채워지면
거기 한 모금의 향기로 날아다닐 테니
이름을 붙이지 말아다오
한 송이 '자유'로 서 있고 싶을 뿐

선운리

— 미당의 묘

저승은 거기에 있더이다
둥그런 산이
물 밑에 잠겨 있고
산 밑에
짧은 다리를 건너서
아지랑이 일렁거리며
가슴 한 쪽 간질여주는
아득한
유년의 기억 속에
눈덮여 묻혀 있던 곳
시인의 나라
바람 속에도 비릿한
살내음을 풍기고
햇빛 속에서도
풍금소리 울리는
당신의 나라
거기 언덕 비알에
풀잎 만지작거리며
앉아있더이다

못질
— 사도세자

목숨 한 덩이 견고한 상자 속에 구겨 넣어
밀폐의 못질 소리 하늘 울리고
아버지, 죽는다는 것은 무엇일까요
당신의 망치에 힘이 붙을수록
나는 점점 자유의 빛이 육신으로 스며들고

갈기를 휘날리며 날뛰는 시간 속에서
어차피 우리는 모두 미치광이

아버지, 당신의 망치에 힘이 붙어
이 몸에 못질이 더 세게 가해질수록

나는 당신에 대한 보복처럼
진정 보복할 뜻은 없었지만
당신에 대한 미친 보복처럼
평화로운 자유가 오더이다

문배마을

산 위에 둥지를 튼
새집 같은 마을엔
새 같은 사람들이 산다

날이 새면
먹이를 물어 오고
계절이 바뀌면
새끼를 낳아 기르고

지나가는 햇빛과 달빛 사이
틈틈이 노래도 하고

타고난 힘을
허공에 모두 날려 보내
날개를 접는 날
그저 가만히 눈감고
조용히 흙으로 돌아가는

새집 같은 마을에
새 같은 사람들이
엉겅퀴꽃 맑은 보랏빛 쪼아
저 하늘에 그림도 그려가며
새처럼 산다

보길도

누워 있던 추억 한 채
일어서서 울먹이더라

울먹이면서
남해 푸른 물 끌어다가 덮어 쌓더라

난잎이나 고사리 작은 키에까지도
얽혀 있는 고산의 노래
꽃가루나 홀씨가 피어
피우피우 날아 오르더라

바람은 세월의 무게에 눌려
허연 슬픔이 되고
이윽고 물에 내려 첨벙대더라

동백꽃 터지게 터지게
붉어가더라

남내리 엽서
— 공놀이

돼지 오줌보에
바람 넣어 공을 만들어서
우리는 쇠정지 잔디밭으로 올랐습니다

푸른 잔디 위에서 공은
노란 달 같았습니다

발끝에 채여 튀어오르는
둥근 달을 보며
좋아라좋아라
늦도록 공놀이에 골몰했습니다

탱자나무 가시에 찔려
우리의 달이 터져버리고 말았을 때
푸른 잔디밭에 널브러진
생애 최초의 절망을 보았습니다

동강東江

물 위에 열쇠 한 잎 떠간다
문을 열다가 다쳤는가
복숭아꽃 같은 선혈이 돋아 있다

잠겨 있는 것을
연다고 함은 또한
혼신의 힘을 다하는 일

닫힌 문 열다가
목숨을 다친 열쇠 한 잎
취한 잠처럼 물 위에 떠간다

가령, 전쟁에서 평화로 나가는 문
미움에서 사랑으로 나가는 문은
견고한 자물쇠를 풀어야만 될 일

저 죽음 같이 흘러가는 열쇠는
어떤 세상의 문을 열었을까

장호원 복숭아 꽃밭 같은 선혈
연기처럼 뿜어내며
열쇠 한 잎 반짝이고 있다

2부

희한한 물의 나라

동강의 달빛

물속에 달빛 한 점 가라앉아 있다
어느 구렁에 박혀 있다가
흘러 내려온 달빛인가

청태 푸른 보자기에 씌워
삭아 가는 목숨 하나 붙들고

늙은 물고기처럼
힘없는 지느러미를 저어가며
안간힘으로 솟아오르려 하고 있지만

천근 무게로
내리누르는 중압
허파 속에 녹이 슬어
달빛 한 점
죽음처럼 가라앉아 있다

광대

달빛 중에서도
산이나 들에 내리지 않고
빨랫줄에 내린 것은 광대다

줄이 능청거릴 때마다 몸을 휘청거리며
달에서 가지고 온 미친 기운으로 번쩍이며
보는 이의 가슴을 졸이게 한다

달빛이라도
어떤 것은 오동잎에 내려 멋을 부리고
어떤 것은 기와지붕에 내려 편안하다
또 어떤 것은 바다에 내려 이내 부서져버리기도 한다

내가 달빛이라면
나는 어디에 내려 무엇을 하는 것일까
지금까지 사는 일에 아슬아슬한 대목이 많았고
식구들을 가슴 졸이게 한 걸로 보면
나는 줄을 타는 광대임에 틀림없다

바람 앞에서

해 어스름 구름 뜨는 언덕에
너를 기다려 서겠노라
잎트는 산가山家 옹달샘 퍼내가는 바람아

알록달록 색실 내어
앞산 바위나 친친 감고
댓가지 풀잎에 피리 부는 바람아

꿈꾸는 이파리의 아우성을
하늘에 대어 불어 놓고
보일 듯 말 듯 그림 그리어
강물에 풀어가는 색바람아

감기어라 바람아 끝의 한 오라기까지도 와
기다리며 굳은 모가지에 휘감겨
네 부는 가락에 핏자죽을 쏟아 놓아라

허물리는 살빛을 색바람아 감고 돌아
네 빛 중 진한 빛의
뜨는 달의 눈물을 그려 봐라

너를 기다려 어두움에 서겠노라
어디선가 맴도는 색바람의 울음아

사랑법 · 1

말로는 하지 말고
잘 익은 감처럼
온몸으로 물들어 드러내 보이는

진한 감동으로
가슴속에 들어와 궁전을 짓고
그렇게 들어와 계시면 되는 것

사랑이여 어디든 가서

사랑이여
어디든 가서 닿기만 해라

허공에 태어나
수많은 촉수를 뻗어 휘젓는
사랑이여

어디든 가서 닿기만 해라
가서 불이 될
온몸을 태워서
찬란한 한 점의 섬광이 될
어디든 가서 닿기만 해라

빛깔이 없어 보이지 않고
모형이 없어 만져지지 않아
서럽게 떠도는 사랑이여

무엇으로든 태어나기 위하여
선명한 모형을 빚어
다시 태어나기 위하여

사랑이여
어디든 가서 닿기만 해라
가서 불이 되어라

날아라 빛

날아라 빛
먼지처럼 묻어 있는
상한 색깔을 모두 털어버리고
파랗게 빨갛게
하여튼 태양의 몸뚱이로부터
떼어내어진 찬란한 빛깔로
온통 채색을 하며
날아라 빛

눈감으면
떠오르는 아득한 세상을
곤두선 시선으로
유리속처럼 바라보며
완벽한 자유 그 막힘 없는 천지를 향해
날아라 빛

네가 갈 곳
그 끝에 고스란히 놓여 있는 사랑을 위해
어둠의 휘장을 꿰뚫어
깜깜한 바윗속을 깨뜨려버리고
힘으로 파도를 몰아가며
날아라 빛

날개에 달려있는

수많은 깃털로부터 다시
또 수많은 날개를 달아내어
바람을 휘저으며
하늘 하늘의 슬픈 사연을 휘저으며
멍멍히 메아리지는 한 마디 환호를 울부짖고
날아라 빛

연서戀書

편지를
어떻게 말로 쓸 수 있으리요

잘 익은 노을처럼
종이 가득 진한 물이 드는 걸

다시 붓을 들어 글씨를 쓰려하면
어지러운 아지랑이가 눈을 가리고

그래도 한 마디 꼭 적으려 하면
어느새 종이는 불타고 있으니

그대여
사랑을 어찌 말로 할 수 있으리오

다만
벙어리가 되어 서성이고만 있을 뿐

희한한 물의 나라

너 작은 나라
잔솔밭 속에서 투명한 샘을 열고
향긋한 술을 빚으며
생명을 앓아 신음하는
그래 희한한 물의 나라
속진에 섞여 서성대는 백성
와락 끌어들여 삶고 빨아서
자가웃쯤의
탈속한 광채로 널어 보이는
물 끓여내는 나라
뼈도 살도 모두 녹아
비등과 파도만으로 와글거리는
무형의 줄기로 뻗어 감아
너 정말로 센 나라
내 가운데 버티고 있는
바위의 굳은 등
저 검은 흙에 박힌 질긴 뿌리까지도
결국 몇 CC의 물이게 하는
힘의 나라

단종의 돌

저 물에
그리움을 던져 보았는가

그리움이 쌓이면
무겁고 딱딱한 돌이 되는 것을

가슴에 돌이 자라나
짓찧어대는 아픔을 아는가

저 물에
돌을 던져 깨뜨려 보았는가

돌 속에 피가 있어 저 물을 진하게 적시는 것을

돌을 던지고 다 던져도
그래도 남은 돌이
여기에 쌓여 있음을 아는가

비천飛天

어젯밤 내 꿈속에 들어오신
그 여인이 아니신가요

안개가 장막처럼 드리워 있는
내 꿈의 문을 살며시 열고서
황새의 날개 밑에 고여 있는
따뜻한 바람 같은 고운 옷을 입고

비어 있는 방 같은 내 꿈속에
스며들어오신 그분이 아니신가요

달빛 한 가닥 잘라 피리를 만들고
하늘 한 자락 도려 현금을 만들던

그리하여 금빛 선율로 가득 채우면서

돌아보고 웃고 또 보고 웃고 하던
여인이 아니신가요

패랭이꽃 속의 나라

햇살이 내려앉아
기웃거린다

먼 길을 날아와
발디딘 곳
그러나 낯설지 않다

가득히 걸려 있는
현금弦琴의 현弦, 손끝으로 퉁겨
잠든 음률 깨운다

하늘에 떠다니는 색깔
쥐어다가 바르고 치장하면
밤도 밝다

상시 적정 기온이
낙화처럼 날리는
유년의 세계다

기다림 · 2

가문비나무 가지에 그리움이 살고 있다

푸른 전원 가운데쯤 수로를 내어
유년의 버스 정류장으로 아픈 기억 흘려보내며

가지에서 우듬지로 발돋움하며 살고 있다

때로는 그 발부리에
박힌 옹이가 인광燐光을 반짝이며 울렁거리고

더러는 형광빛에
슬픔의 너울이 언뜻언뜻 달려가기도 한다

그래도 가문비나무는
그리움 하나
키우며 산다

손톱에 대하여 · 1

세월이 갈수록
작은 손톱에 눈길이 간다

미당未堂은 가끔
그 위에 달을 띄워 올리기도 했지만

오늘은 복사꽃 그늘에
보릿대 푸르게 솟고

네 편지의 문장들
바람에 실려 오고 있다

습한 나라의 묵은 소식들
날아와 그리는 지도 위에
작은 세상 하나 열리고 있다

빈 방

예쁜 손님을
맞이하고 있다

창밖에
저 새파란 가을이 와서
귀에 익은 영창詠唱을 노래하고 있다

몸부림치며 내려오는 갈잎 같은 것
목놓아 울부짖는 풀벌레 같은 것
모두 찾아와 나를 부르는데

나는 문 굳게 잠그고 앉아
이야기 소리 재미있고
치마폭에 선선한 바람을 담고 있는
명랑한 신식 신부처럼 예쁜
손님을 맞이하고 있다

빈 방에 서려있는
환한 그리움으로

손에 관한 명상 · 3

손을 빛나게 하는군요
어둠 속에서 가만히 바라보았다

누구에게나 가슴속에 키워가는
쓸쓸한 사랑 하나 있듯이

저 머나먼 섬의 끝
안개 속에 피어 있는 동백꽃들 속에도
숯불처럼 빛나고 있는 님 하나씩 있어
호오 호오 입바람으로 살려내고 있는데

입바람에 묻어나는 숯불의 맑은 빛이
손으로 팔로 넘쳐 들어오고 있었다
몸 가득 숯불이 되어 있었다

바다의 문 · 9

너 거기 있거라
내가 간다

거대한 술잔에 담겨
독한 술로 익어가는 바다

뼈저린 그리움 어쩌지 못해
온몸 뒤채며 출렁거리는
독한 술
너 거기 있거라

지옥같이 멀고도 뜨거운 길
숨차게 달려와 엉겨 붙지만
뭍은 언제나 싸늘한 허상

너는 언제나
뭍의 창백한 발끝에 무참히 차여
산산이 부서지며 울부짖나니
작은 육신 속에서도 끓고 있는 술

나 네게 가서 쏟아 부으리
너 거기 있거라
왼종일 울어쌓는 바다

바다의 문 · 40

그 배는 이미 떠났고
무심한 개개비 한 마리
뒤따라 바닷가에 갈 때
외로움이 무서움으로 변했다

누군가 어둠 속으로
나를 확 밀쳐 넣었다
죽은 나무 등걸 옆에서
무덤들이 머리를 풀고 일어섰다

헛디디는 발끝에서 섬광이 튀었다
달렸다
끄덩이를 잡아당기는 몽달귀신
정강이에 끈끈한 안개처럼
거친 숨결이 휘감겼다 달릴 수 없었다

왜소한 남근이
굵은 빈대처럼 오그라붙었다

"원귀들만 모여사는 해변"
느릅나무 한 그루
입간판을 들고 있었다

땅 끝에서

이 힘을 어찌할거나
하늘가, 아무리 솟구쳐 뛰어도
식지 않는 사랑
땅 끝에 이르러 그리움이 되는데
세월 건너 아스라이 가버린 그대
그리움에 씻겨 단단한 보석이 되다가
그것도 지쳐 바스라져 가는데
저 혼자 솟구쳐 뛰어오르는
이 힘을 어찌할거나

물소리 · 2

베어보면
그 속은 새벽이다

엊저녁 달빛
아직은 젖은 채
갈잎더미 밑에 있고

그 달빛에 미쳐
울던 풀벌레 소리
여운으로 날아다니는데

그래도 여명의 소근거림은
시간의 옷자락에
푸르스름 물들어
저 언덕을 넘고 있나니

별보기 · 1

하늘에 떠 있을 때보다
떨어진 별이 더 아름답다
가령, 이름 없는 풀잎의 이슬에 내려
외로움으로 꿋꿋한 풀대
그 속을 흘러다니는 미세한
슬픔의 입자를 마시고 있을 때

혹은, 궁벽한 시골의 샘
저 깊고 아득한 곳
어둠이 지쳐 통증으로 솟아나는
땅속 그 애달픔에 가라앉아 있을 때
별은 더욱 아름답다

떨어지는 모든 것이
다 절망일 수는 없다
가장 낮게 낮게 내려
오히려 더 빛나는 별을 본다

전각篆刻

작은 돌에 새기다가
그만 내 가슴을 쪼았다
짙게 음각된 이름

향기로운 계절과
우수의 한때

세월이
눈처럼 쌓이고

이름 위에 이제는
숨결이 살아

붉은 새살로
돋아 올랐다

3부

백제인의 미소

백제시

— 주군酒君*

가슴속에
매 한 마리 키우네

서늘한 기류 밖
푸른 별 하나 나꿔챌

매 한 마리
숫돌에 부리를 갈아 날을 세우고
옹이를 찍어 발톱에 힘을 기르네

날마다 하늘을 우러러보며
별 하나 표적을 찾아

눈을 닦고 있는
매 한 마리 자라고 있네

* 酒君 : 일본 황실에 매 사냥법을 가르쳐 준 백제인.

백제시

— 누카다노 오오기미(額田王)

지금도 달이 뜨면
그대의 배는 출항을 하지

달의 옆구리에
작은 항구가 열리고

지금도 달이 뜨면
그대는 달 위로 상륙을 하지

둥근 도르래에 감겨 있던
기억의 줄기들이 풀려서 다가오고
양옆에 붉은 등처럼
감이 익을 때

긴 길의 끝에서는
자주색 두루마기의 남자가
오고 있지

누카다노 오오기미여
황혼의 노을이 지는
만엽집 책장 위에
생황의 음률이 넘어가지

지금도 달이 뜨면

그대는 언제나 그 속에서 웃고 있지

* 누카다노 오오기미 : 백제 귀족의 딸. 만엽집에 10여 수의 시가가 실려 있다.

백제시
— 인형문토기편人形文土器片

때로는 죽음이 두렵다
육신을 겨냥한 저승의 화살이
어둠을 뚫고 퓨이 퓨이 퓨이
귀신의 비명소리를 내며 날아와 박힐 때

어떤 이는 옹관 속에 몸을 감추고
어떤 이는 목관 속에 숨어들지만
끝내는 거무스름한 먼지가 되었을 뿐

저 사람, 억인億仁 씨인지 서래西來 씨인지
저 속에 들어가 자리잡은지 천오백 년
머리카락 하나 수염 하나 뽑히지 않고
앞으로도 몇 만 년은 멀쩡할 듯

왕실의 꽃병이었을까 권귀의 술병이었을까
아직도 그 향이 서려 있으니

백제시

— 인물화상경*

둥근 세상
임금이 말을 타고 달린다
초원을 지나고 숲에 들다가
다시 강을 건너 바다에 이른다

말을 타고 달린다
천오백 년 세월도 건너고
죽음의 경계를 넘어서기도 한다

한국이냐 일본이냐
기냐 아니냐
를 뛰어넘어
말을 타고 달린다
수염도 날리며 끝없이 달린다

* 인물화상경 : 백제 무령왕이 친동생인 일본의 계체왕에게 보낸 거울.

무령왕의 관정棺釘

못을 뽑는다

암흑과 침묵을 지키고 있던
견고한 쇠못을 뽑는다

날개를 달고
푸시시 깨어 날으는
언어의 어지러운 새떼

새떼의 자유로운 비상飛翔을 위해
새떼의 신선한 호흡을 위해
녹슨 쇠못을 뽑는다

쇠못의 질긴 뿌리
내 가슴에 답답하게 서린
뿌리도 함께 뽑는다

무령왕의 청동식이青銅飾履

하늘이 주신 목숨을 다 살으시고 하나도 빼지 않고 구석구석 다 살으시고 곱슬거리는 백발을 날리며 달이라도 누렇게 솟고 파란 바람도 불고 하는 참 재미도 많은 날 이윽고 옷 갈아입으시고 왕후며 신하들 다 놓아두고 혼자 길을 떨치고 나서서 꾸불꾸불한 막대기 하나 골라 짚고 아 참말 미끄러운 저승길로 가실 때 이 신을 신으시다

돌밭 가시밭 진흙 뻘길을 허리춤 부여잡고 달음질도 하고 수염도 쓰다듬으며 점잖게 걷기도 하여 임금님을 저승까지 곱게 모신 후 이제 또 다시 여기에 돌아와 쇠못이 박힌 불꽃 무늬의 신이여 누구를 다시 모셔가려 함이냐 하늘이 정한 목숨을 구석구석 다 살으시고 그리고 웃으며 떠날 그 누구를 모셔가려 함이냐

무령왕의 나무새

머리로 가슴으로
날아드는 새

이승의 슬픔 끝에서
저승의 벼랑 아래로
떨어져 내리는 이

떨어져 방황하는
떨리는 영혼을 모셔 안고
하염없이 날아서
여기 실어 오느니

이제 피곤한 날개를 접고
부활의 몸짓으로 서성이는 영혼을 위해 노래하느니

저승의 어느 산골
그 깊은 숲
소나무 잎새 끝에서 생겨나는
피리를 부느니

마땅히 흘러
우리의 어린 자식들
그 자식들의 먼먼 후손의
귀에까지 멍멍히 젖어들게 하느니

>

마당으로 방으로 날아드는 새
그러다가
바스러져 가느니

무령왕비의 은팔찌
— 다리多利*의 말

왕비여 여인이여
내가 그대를 사모하건만
그대는 너무 멀리 계십니다

같은 이승이라지만
우리의 사이에는
까마득히 넓은 강이 흐릅니다

그대를 향해서
사위어지는 정한 목숨

내가 만드는 것은
한낱 팔찌가 아니라
그대에게 달려가려는
내 그리움의 몸부림입니다

내가 빚는 것은
한낱 용의 형상이 아니라
그대에게 건너가려는
내 사랑의 용틀임입니다

비늘 하나를 새겨 넣고
먼 산 보며 한숨 집니다

다시 발톱 하나 새겨 넣고
달을 보며 피울음 웁니다

내 살을 깎아
용의 살을 붙이고

내 뼈를 빼어내어
용의 뼈를 맞춥니다

왕이여 여인이여
그대에게 날려 보내는 용은
작은 손목에 머무르지 않고
그대 몸뚱이에 휘감길 것이며
마침내 온몸 구석구석에
퍼져 스며들 것이며
그러다가 지쳐 쓰러지더라도
파고들 것이며 파고들어 불 탈 것이며
그리하여
저승의 내정內廷까지도
따라 들어갈 것이며…

왕비여 여인이여
내가 그대를 사모하는 것은
그대 이름이 높으나 높은

왕비여서가 아니라
다만 그대가 아름다워서일 뿐
눈 시리게 아름다워서일 뿐입니다

* 多利 : 무령왕비의 은팔찌를 만든 사람으로 그 팔찌에 용을 새겨 넣었다.

백제인의 미소

선화여
계룡산 아래
맑은 금강을 보며
웃으시던 그 웃음은
사라지지 않았군요

뜨거운 햇빛에
이슬이 스러지듯
천년의 세월 속에
이미 사라져버린 줄 알았는데

그 무명베 옷
주름주름 흘러내리던 웃음은

개망초 꽃잎에도
씀바귀 풀잎에도
그냥 쓸쓸히 피어서 남아 있군요

계룡산 피리새 울음 속에도
금강 물새의 춤사위 갈피에도
님이여
그대의 웃음은 남아 있군요

백제 여인의 옷

치자물 곱게 든
넓은 보자기

달빛이면
물에 씻겨 맑은 달빛을

별빛이면
불처럼 빛나는 별빛을
감싸는 보자기

걸음을 옮길 때마다
엇저녁 고란사 종소리가
꽃잎 되어 떨어지는데

노을 번지는 백마강
나루터에 세워놓은
고운 깃발

계백의 칼

그가 벤 것은
적의 목이 아니다

햇빛 속에도 피가 있어
해 속의 피를 잘라내어
하늘과 땅 사이
황산벌 위에 물들이고

스러져가는
하루의 목숨을
꽃수 놓듯 그려 놓았으니

일몰하였으되
그 하늘 언제나
꽃수의 꽃물로 가득하여 밝은데
이를 어찌 칼이라 하랴

백제시
— 칠지도*

세월도 무덤이다
일곱 개의 칼끝에서 빛나던
별들이 떨어진다

찌르고 찌르다가
베어 문 일곱 개의 하늘이 무너져
무덤 속으로 든다

문득 무덤 위 잔디에 섞여 솟아난
할미꽃의 슬픈 자주색이 내 눈을 후빈다

백제도 가고 왜倭도 가고
칼도 어딘가로 자꾸만 가서

또 한 송이의 자주색이 된다

서산마애삼존불의 웃음

하늘의 치맛자락을 들추고 있는
벼랑 위에
철쭉꽃보다 아름답게 핀 웃음

허허허 흘러내리는 그 웃음소리
등짐으로 가득 지고 내려와서
오려내고 다듬어
그대와 함께 살 집 하나 지으면
그 속에서 한 천년은 행복하리

이웃에게도
내 행복의 이불 덮어드리리

백제의 옛마을
벼꽃 머리 위로 흘러다니던
허허허 그 웃음소리
인 바위

저 벼랑 위에
철쭉꽃 붉은 빛보다
더 곱게 피어있으니

백마강

강은
하늘에서 걸어 내려오고 있었다
풋풋한 동아줄을 부여잡고
건너산의 어깨에 내려
어깨에서 가슴과 배로
한 걸음 한 걸음
걸어 내려오고 있었다
이미 지하에 매몰되어버린 왕국
아침이면
비파소리로 어둠을 걷어내고
저녁이면
피리소리로 달을 띄워 올리던
번성한 도성
도성의 흔적들은 없어지고
거기에 새로운 도회가
숲처럼 무성한 곳
강은
이 도회를 끌어안고
빙글빙글 돌아가고 있었다
묻혀버린 왕국은
이 강에 그대로 녹아
무성한 도회의 거름이 되어
새로 피는 꽃대궁에
솟아나고 있었다

싸움
— 백제시편 11

싸움은 이미 지기로 되어 있었다 그러나 계백의 오천 병사는 죽기 위해 싸웠다 그것이 그들의 죽는 방법이었다 무덤의 앞문을 열었다 문이 열리면서 그들은 각각 한 덩이의 단단한 빛이 되어 달려 들어갔다 빛은 이 땅에 선 것들을 밝히고 그 후예의 눈을 밝혔다 죽음의 고통은 순간이었고 그 순간의 좁은 통로를 지나면 곧바로 무덤의 뒷문이 열렸다 그리고 뒷문을 통해 무한의 자유에로 나갔다 그들의 죽는 방법은 이렇게 당당하고 지혜로웠다

4부

개불알꽃

각시붓꽃

불면의 밤
뼛속으로는
뜨신 달이 들어오고

여기 체액을 섞어
허공에 환장할 그림을 그리는 것

유난히 암내도 많은
남의 각시

방동사니

방동사니에
손가락을 벤 적이 있었다

벤 자리에 방울방울 솟아오른 피가
내 유년의 한 마디를 온통 적시고 있었다

줄기 하나에
수십 개의 날 선 칼을 달고
내 손가락뿐이 아니라

구름의 손가락 바람의 다리
하늘의 몸통을 베고 있었다

그까이꺼, 풀 풀 하면서 업신여겼던 풀 그 풀에
나는 그만 풀이 죽어 고개 떨궈 울면서
붉은 피를 닦아내고 있었다

풀에게

시멘트 계단 틈새에
풀 한 포기 자라고 있다
영양실조의 작은 풀대엔
그러나 고운 목숨 하나 맺혀 살랑거린다
비좁은 어둠 속으로 간신히 뿌리를 뻗어
연약한 몸 지탱하고 세우는데
가끔 무심한 구두 끝이 밟고 지날 때마다
풀대는 한번씩 소스라쳐 몸져눕는다
발소리는 왔다가 황급히 사라지는데
시멘트 바닥을 짚고서 일어서면서 그 뒷모습을 본다
그리 짧지 않은 하루해가 저물면
저 멀리에서 날아오는 별빛을 받아 숨결을 고르고
때로는 촉촉이 묻어오는 이슬에 몸을 씻는다
그 생애가 길지는 않을 테지만
그러나 고운 목숨 하나 말없이 살랑거린다

들꽃

누가 보거나 말거나
피네

누가 보거나 말거나
지네

한마디 말도 없이
피네 지네

개불알꽃

이렇게 아름다운
개불알을 보았는가

창씨개명이라도 하고 싶다
옛날 한때 그것은 굴욕인 때가 있었다
그러나 지금 나는 굴욕을 벗어나기 위해
창씨개명 하고 싶다

시기와 아집으로 눈이 삔 자들이
나에게 퍼부은 저주
나의 본색은 처참하게 짓밟힌다

나는 이름에 갇힌 죄인일 뿐
세상은 유배지다

호박꽃

다섯 살 난
현진이가 따다가
일기장에 옮겨 놓은 별이다

아직도
우주의 비냄새가 나는
우주의 신발 끄는 소리가 들리는

별에서 별이 나온다

별의 살 속에서 배워 온
별의 말을 현진이가 읽는다

수십억 광년 그 너머
때로는 넘어지고 때로는 일어서면서
기어이 여기에 와 있는
그 말

혼돈과 질서가 함께 있다가 사라진다
그 자리에 남은 말을
그 아이가 읽는다

청설모
— 커피 마시는 여인

커피집 아라비카 앞의 전나무
기둥과 가지들은
청설모가 다니는 길이다
커피향 묻은 밤알을 물고
오늘도 이 길을 간다
하늘이 푸르게 열린 날은
길도 꿈에 부푸는지
하늘 끝까지 뻗어 푸른 물감 저어댄다
그녀는 청설모와 함께 이 길을 걸어 하늘로 간다
아라비카 커피향에는 꿈속에서 춤추고 있던
더운 나라 흑인들의 신들린 몸짓이 녹아 있다
청설모 작은 입에선 싱싱하여 아직도 김이 오르는
그들의 함성 들려온다
보일 듯 말 듯 낮달도 함께 이 길로 가고 있다

옷

오리털 외투를 입었다
옷의 안쪽에서
꿱꿱꿱
오리 우는 소리가 났다

털 뽑힌 오리들은
구만리 장천 그 너머 황천
이 눈보라 속에서 어디쯤 가고 있을까

우리들의 살 속에 황천이 있다
털을 남긴 오리들이 모여 있다

가끔 배가 아플 땐
입으로 넘긴 정로환을 쪼으며
꿱꿱꿱……

참새

산책을 하다가
시장기가 돌아 떡 한 조각을 꺼내 먹는다
쌀 냄새를 맡았는지
참새가 내 앞에 내려앉아 기웃거린다
그렇지, 저나 나나 쌀을 좋아하는 공통점이 있었구나
가을, 벼가 익을 땐 쫓아도 쫓아도
한사코 논으로만 날아들던 놈들
푸른 하늘 우러러 노래하고
저녁엔 님 그리워 운다고 했지
생각해보면
꿈, 사랑 등 공통점이 많다는 걸 모르고 살았구나
갑자기 미안하고 죄스럽다
어느 겨울 처마 밑을 뒤져
참새를 꺼내어 구워먹던 일을 생각하니
고압 전류에 감전된 듯
아르르 손목이 저려 온다

꺼꾸로여덟팔나비

시인은 세상을 꺼꾸로 보기도 한다지만
시인도 아닌 이들이 내 이름에
'꺼꾸로 여덟팔'을 붙였을까

날개 가운데 새겨진 흰띠 무늬는
꽁무니 쪽에서 보면 거꾸로 여덟팔자지만
얼굴 쪽에서 보면 옳은 여덟팔자요
그것도 석봉이나 추사의 글씨보다 더 아름다운데

왜?
얼굴을 대면하기 껄끄러운가?
하기사 인간들이란 부끄러운 일도 많아 그렇긴 하겠지만

개똥벌레

이름이 좋아야 팔자가 좋다
'똥'자가 들어가니 행운이 나를 피하고
거기에 '개'자가 앞에 놓이니 운명이 더욱 기구崎嶇하구나

파리 그놈은 늘 똥 위에 앉아 있어도
파리파리파리파리……그 이름이 얼마나 아름다운가
모기 그놈도 남의 피를 빨아먹고 살지만
모기모기모기모기……그 소리 듣기 괜찮다
그놈들은 이름 덕분에 자손만대 번창하는데
'개똥'이라니, 이름 한번 더럽다

이제 자손이 귀해
대가 끊기고 집안이 망할 지경이다

세상에 허울만 좋아서
팔자 펴는 놈들이 참 많다

왕귀뚜라미

머리 위로 억 광년쯤의 거리
거기에서 떠돌던 소리 한 점

그녀의 방 시렁 밑을 지나
내 귀에 들어와
집을 짓고 있네

소리의 몸에 붙어 있는
수많은 별빛들
여기에 와서 마을을 이루고 있네

귓속에 우거진 푸른 풀덤불
풀덤불 속에
물 좋은 귀신 들어오고 있네

산푸른부전나비

날개를 접어요
너무 많이 올라왔어요
저 푸르름이 너무 깊어
몸서리치게 슬픈 곳

아래로 아래로 떨어지는 것이 어지럽고 역겨워
위로 위로 치솟았더니

높은 곳과 깊은 곳은 모두 푸르러
하나로 잇대어 있는 걸
왜 몰랐을까요

날개에 물드는 짙은 푸르름
나는 이제
하늘로 떨어질까요
바다로 솟아오를까요

모시나비

고치 속에
부처님 한 분 계신다

햇빛 같은 실로
온몸을 감싸고

눈감고 귀 막고 입 닫고
그리고 숨도 쉬지 않으면서
묵언 정진하다가

계절이 바뀌고
맑은 날 올 때
문득 툭툭 털고 깨어나

징그러웠던 몸에
날개를 달고 허공에 띄워 올릴 때

벌레는 어느덧 부처가 된다

검은물잠자리

날개는 언제나 밤하늘이다
그래서 별이 뜨고
무시로 달도 솟는다

때로는 원시原始 동굴의 어둠 같은
숨막힘도 있긴 하지만

힘주어 공중으로 날아오르면
수백억 광년을 달려온
뭇별이 번쩍번쩍 빛나고
간혹 비천飛天의 생황 소리도 들린다
내 4학년의 신발 소리도 들린다

금테비단벌레

파란 사탕이
보석이라고 생각한 때가 있었다

눈이 맑아
세상이 온통 아름답게만 보이던
내 다섯 살

입속에 넣고 굴리던 사탕을 꺼내어
초겨울 푸른 하늘 향해 들어 보면서
그 파란 광채로 눈을 닦다가

그만 놓쳐 마른풀덤불 속에 빠뜨리고는
영영 찾지를 못하고
한동안 허하게 꺼져버린 가슴 안고 지내다가

얼마나 세월이 지났을까
이제 눈도 어두워 가물거리는데
풀숲에서 파란 광채를 보았다

살아서 꿈틀거리는 저 보석
흐린 내 눈으로 들어오고 있다

눈이 근질거린다
들어오면서 새 길을 내고 있기 때문이다

멧팔랑나비

4월의 해 한 점
떨어져 내려온다

떨어진 자리는
늘 아프다

아픔 한 점
팔랑팔랑 날다가

머리, 창공에 부딪는다
눈에 번쩍 번개 드는 날
떡갈나무 어린잎 밑에
알 하나 낳고

또다시 팔랑팔랑 날다가
가뭇없이 가버리는 그대

해설

생명의 자유와 역설

신진숙 경희대 교수 · 문학평론가

비장함은, 문효치 시인을 설명하는 미학적 형식들 중 하나일 것이다. 그의 시는 비극을 닮았다. 운명 앞에서 존재는 한없이 나약하다. 그러나 역설적으로 바로 그 나약함 속에서 삶과 죽음이 통합되고 세속과 숭고가 결합하며 진정으로 숭고한 자유의지들이 출현한다. 오랫동안 문효치 시인이 탐찰한 주제 역시 바로 이러한 실존의 자유와 그 역설이었다. 무령왕시와 백제시편에서 발견되는 비극적이지만 숭고한 정신은 바로 이러한 실존주의적 자유의지로 해석할 수 있다.

그럼에도 자유를 실현하는 것은 쉽지 않다. 그것은 불가능한 추구다. 자유란 자유롭지 않은 상황 속에서만 자신의 의미를 발현하기 때문이다. 근대 이후, 시의 탄생이 언제나 이미 피로 물들어 있는 것은 바로 그 때문이다. 사실 어느 누가 삶의 세속과 그 압력을 견뎌낼 수 있을까. 자본주의 세계에서 숭고함이란 결국 사물화된 지리멸렬이 되어버린다. 자본의 무자비함은 인류가 지속적으로 구축해왔던 존재론적 토대마저 위협한다. 통합적인 감정의 기반이 모래알처럼 분쇄된다. 감각은 의미가 되기도 전에 해체된다. 이제 우리 모두는 살아 있는 동안, 우리가 살아낸 모든 삶과 가치들이 소멸하는 것을 지켜보지 않으면 안 된다. 하여 모든 싸움은 이미 실패한 싸움이다.

하지만 문효치 시인은 질문을 멈추지 않음으로써 세속화의 산화酸化를 견뎌낸다. 모든 시간, 모든 공간에서 숭고를 대신하는 세속과 마주하지만, 굴복하지 않는다. 시를 쓴다. 삶의 거짓 환영들을 뚫고 인간이 추구해야 할 보편적인 가치를 포기하지 않기 때문이다. 그는 자신에게 주어진 삶의 모순을 실존주의적의 자유의지로 재해석한다. 그것은 말하자면 죽음 앞에서의 생生 의지이다. 문효치 시인을 살게 하는 진정한 동력이자 생명의 토대는 자유다. 물론 자유가 그가 추구하는 진정한 윤리의 기반이라는 것은 말할 것도 없다.

이러한 생에 대한 인식은 자연의 모든 생명체로 확장된다. 시인은 '죽음'의 운명을 타고 태어난 모든 생명 내부에 생의 의지가 존재한다고 믿는다. 생명의 힘은 죽음 앞에서도 굴복하지 않으며, 소멸하지 않는다. 시인은 바로 이러한 생명의 의지가 인간은 물론 우주의 원리이자 근원이라고 말한다.

상징의 문, 자연

문효치 시인은 자연의 모든 생명체가 지닌 생의 의지를 발견한다. 모든 생명은 가장 원초적인 방식으로 죽음과 삶을 통합하는 힘을 내부에 지니고 있다. 생명의 안과 밖, 삶과 죽음 사이를 오가면서 '둥근' 생명의 변증을 이룩해왔다. 시인이 달팽이, 왕귀뚜라미, 매미, 금테비단벌레, 멧팔랑나비, 각시붓꽃, 패랭이꽃, 호박꽃 등과 같은 이름을 지닌 작은 생명들에 주목하는 것은 그 때문이다. 인간이 아닌 모든 생명체들은 그 자신의 방식대로 가장 온전하게 '생의 보편적 의미'를 실현해왔던 것이다. 어떤 것을 더하거나 덜어낼 필요 없이, 생명은 그 자체로 가장 생명적 상태에 도달한다.

번갈아 찾아드는
낮과 밤은
몸으로 문질러 알아내고

좁은 가슴 울렁거리며
미풍에도 소스라쳐 숨어들지만

이 한 점의 살은
억년 생명이 흘러 지나가는 길
다시 짧은 목숨을 건네어 주며
아 잘 살았다
히히 잘 살았다
—「달팽이」 부분

고치 속에
부처님 한 분 계신다

햇빛 같은 실로
온몸을 감싸고

눈감고 귀 막고 입 닫고
그리고 숨도 쉬지 않으면서
묵언 정진하다가
—「모시나비」 부분

"달팽이"는 인간과 같이 사물을 분별할 수 있는 눈과 귀를 지니지 않았지만, 인간보다 더 완전하게 삶과 죽음의 의미를 이해하고 행동할 줄 안다. 언어와 같은 다른 인위적인 무엇인가의 도움을 필요로 하지 않는다. 달팽이에게는 자신의 몸 자체가 하나의 언어다. 달팽이는 온몸으로 바닥을 문지르는 방식으로 우주의 낮과 밤을 이해한다. 인간의 언어와 그것이 만들어낸 경계들 바깥에서 자유롭고 완전한 생을 이어간다. 달팽이의 몸은 생명의 안과 밖을 그 안에 직접적으로 통합한다. 때문에 달팽이로부터 동체動體와 동력動力을 분리해내는 것은 언제나 이미 불가능하다.

생명의 본질은 이처럼 삶의 추상과 구체가 분리할 수 없는 상태로 존재한다는 데 있다. 시인이 “모시나비” 안에 “부처”가 있다고 말한 것도 그런 맥락이다. 인간의 눈으로는 “눈감고 귀 막고 입 닫”은 존재에 불과하지만, 생명의 관점에서 본다면 모시나비는 가장 완전한 형태의 삶을 전해주고 있다. 언어라는 매개를 통해서만 사물의 본질을 이해하는 인간의 어리석음을 간접적으로 비판한다. 그러므로 하나의 생이 진정으로 ‘잘 살았다’고 말할 수 있기 위해서는, 언어와 지식의 습득에 의존하지 않는 자연의 섭리를 먼저 깨달아야 하는 것이다.

그 점에서 문효치 시인에게 자연은 우리를 진리의 방향으로 인도하는 상징이자 안내자이다. 진리는 자연 안에서 현현한다. 자연 바깥에서 진리를 계시하는 초월적 존재를 상정할 필요가 없다. 모든 생명의 구체적인 실존이 곧 진리의 장소이기 때문이다. 주어진 삶을 견디고 또 살아내는 평범한 생명체 속에 진리가 발현한다.

그렇다면 생명체는 어떻게 진리를 말하는가. 그것은 하나의 몸과 다른 하나의 몸이 서로의 몸속에 각인하는 감각과 느낌들의 총체를 통해서이다. 즉, 생명체를 유심히 들여다보면, 그 안에 새겨진 수많은 주름들을 볼 수 있다. 그것은 세상과 자아가 서로를 변증하며 만들어낸 상호주관적 주름이자 문文이다. 세속과 탈속이라는 인위적인 경계는 이미 의미가 없다. 모든 것이 주름으로 연결되어 있다. 자연은 언제나 인간중심주의적 시선 바깥에서 자유로웠다. 문효치 시인은 바로 이러한 생명의 주름 하나하나를 언어로 번역하고자 노력한다. 그에게 자연은 우주와 인간을 연결하는 의미의 통로이자 문門이기 때문이다.

물 위에 열쇠 한 잎 떠간다
문을 열다가 다쳤는가
복숭아꽃 같은 선혈이 돋아 있다

잠겨 있는 것을
연다고 함은 또한

혼신의 힘을 다하는 일

닫힌 문 열다가
목숨을 다친 열쇠 한 잎
취한 잠처럼 물 위에 떠간다

가령, 전쟁에서 평화로 나가는 문
미움에서 사랑으로 나가는 문은
견고한 자물쇠를 풀어야만 될 일
—「동강」 부분

아직도
우주의 비냄새가 나는
우주의 신발 끄는 소리가 들리는

별에서 벌이 나온다

별의 살 속에서 배워 온
벌의 말을 현진이가 읽는다

수십억 광년 그 너머
때로는 넘어지고 때로는 일어서면서
기어이 여기에 와 있는
그 말
—「호박꽃」 부분

시인은 "동강東江"에 떠가는 복숭아 꽃잎을 두고 "열쇠"라고 부른다. 열쇠란 본디 하나의 공간에서 다른 공간으로의 이동을 가능케 하는 능력을 가리킨다. 열쇠는 벽이나 문으로 막혀 있는 것들을 개방한다. 하여 열쇠를 갖는다는 것은 방에서 방으로, 길에서 길로 연결되어 나아갈 수 있다는 것을 의미한다. 중요한 것은 열쇠의 존재 이유는 세상 어딘가에 막힘이 있고 열어야 할 것이 있다는 것이다. 따라서 열쇠의 의미는 '막힘'과 '열림' 사이의 운동으로 구성된다. 그렇다면 시인이 꽃잎 한 장을 두고, 열쇠라고 말한 것은 왜인가. 그것은 꽃이 피고 또 지는 일이 결코 평범하지 않다는 깨달음과 연결된다. 즉, 꽃잎은 가장 부드러운 몸(꽃)으로 가장 단단하게 잠긴 세계(나무)를 뚫고 올라왔지 않은가. 그러므로 모든 꽃잎은 "선혈 돋아" 있다. 꽃은, 혼신의 힘을 다해 "잠겨 있는 것"을 열어낸, 가장 평범하지만 숭고한 존재인 것이다. "전쟁에서 평화로", "미움에서 사랑으로" 이동하는 문의 열쇠를 찾기 위해서는, 바로 이처럼 꽃 잎 한 장이 만든 열림을 이해하는 데서부터 출발해야 한다.

작은 생명 현상 속에는 더 큰 진리를 존재한다. 우리가 할 일은 자연의 "문"을 열고 들어가기만 하면 된다. 다섯 살 현진이가 "호박꽃"에서 우주의 소리를 읽어낼 수 있었듯이. 자연은 가장 순수한 '의미'의 문이다. 수십억 광년을 거슬러 들려온 별의 말이 호박꽃의 주름 속에 담겨 있다. 하여 시인은 호박꽃에서 "우주의 비 냄새"를 상상한다. 느리게 우주의 신발 끄는 소리도 듣는다.

자연은 시인에게 상징의 열쇠를 주었다. 그것은 수십억 광년 전부터 지금까지 자연이 발신해온 생명의 의미다. 시는 작은 생명 존재에 내재한 거대한 우주의 주름들을 언어로 펼쳐놓는다. 즉, 문효치 시인은 생명의 상징을 통해 생명의 역동성이 다시 열리기를 희망한다. 이제 이러한 인식은 생명의 안팎을 나누지 않는, 사물과 사물의 위계를 밀어내는 데까지 나아간다.

아름다움의 모순과 변증

문효치 시인은 무한한 우주의 시력視力과 유한한 생명 사이를 오가는 주름운동을 계속한다. 그는 우주의 시간과 생명체가 지닌 미미한 목숨의 시간을 분리할 수 없는, 서로가 서로에게 포함된 관계로 이해한다. 그것은 어떤 상상력인가. 본래 상상력이란 미추, 진위, 선악, 이념과 구체 등, 서로 대립되는 것으로 간주되는 것들을 변증하는 종합적 판단능력이다. 문효치 시인은 생명의 변증을 위해 인간과 자연, 우주를 상상한다. 사물과 사물 사이의 차이 혹은 모순을 하나의 '생명관계'로 포괄하기 위해서다. 이를테면 삶, 환희, 희망의 긍정적 축과 죽음, 고통, 절망의 부정적 축은 단절될 수 없다. 이 둘은 생명의 서로 다른 두 개의 표현에 불과하다. 이 둘 사이를 가르는 분명한 경계란 인간이 만들어낸 허상일 뿐이다. 생명의 모든 기운은 (-) 에서 (+)로, 혹은 그 반대의 방향으로 흘러 다닐 뿐, 구분이 없다.

생사의 경계선에 서서
노송老松의 팔뚝에 걸터앉아
운명의 반짇고리에
색동의 옷감을 재단하는
죽음을 관망하는 것은
온전히 혼자서 차지하는 기쁨
—「병중 · 2」 부분

봄이 되면
몸속에서 끓던 피가 솟구쳐
머리끝에 붉은
멍울이 열린다

그러면 꽃이라 한다
—「화분」 부분

이 섬이 왜 아름다운가를 알았네
바다에 떠 있는 신의 눈물

그 투명한 눈물 속에서
아열대 나무는 자라고
제비 날고, 떨어져 죽고
—「소록도 -눈물」 부분

죽음은 기쁨이다. 병은 부활의 징후이다. 고통은 꽃이다. 눈물은 아름답다. 칼은 꽃이다. 죽음과 기쁨, 고통과 꽃, 슬픔과 아름다움을 상반된 것으로 본다면, 결코 이해할 수 없는 말들이다. 그러나 생명은 이 모든 모순형용을 허용한다. 어떤 의미에서 생명 자체가 모순 상태라는 것을 알 수 있다. 가령 죽음과 생명을 나눌 수 있을까. 하루하루의 삶이 실은 죽음으로 나아가는 과정이기도 하다는 사실은 분명하다. 즉, 삶과 죽음은 존재자의 '몸' 안에 기거한다. 죽음을 생명의 바깥으로 내모는 것은, 생명의 시각이 아닌 인간의 언어가 만드는 분별에 의해서다. 생명은 삶과 죽음, 정상과 질병을 구분하지 않는다. 모든 상반되는 의미들을 주름으로 접어 넣을 때, 생명은 비로소 자연의 섭리를 드러낸다.

이러한 모순의 변증은 문효치 시인이 사물을 바라보는 고유한 관점이다. 즉, "꽃"이 된다는 것은 평범하지만 단순한 일은 아니다. 앞서 말했듯 막힘과 뚫림, 닫힘과 열림을 수없이 오가면서 꽃은 살아 있다. 즉, 움직임 없는 사물이 아니라 모순 사이를 오가는 운동 자체로 꽃을 이해해야 한다. 고통 속에서 온힘을 다해 생을 피워 올리는 행위, 그것이 꽃이다.

아름다움이 출현하는 때 역시 마찬가지다. 모든 아름다움은 상반되는 것들의 충돌 속에서 경험된다. 하나의 동일한 의미만 존재한다면, 아름다움은 경험될 수 없다. 가령 "소록도"가 상징하는 공간성을 예로 들어볼 수 있는데, 소록도는 가장 비참하고 미천한 자리다. 하지만 바로 그 때문에 신성한 곳이기도 하다. 소록도는, 형벌을 거역하지 않고 마침내 다 살아낸 존재에게서만 발견되는 숭고함을 지닌다. 미천함과 숭고함이 극단적으로 결합한 것이다. 그러나 이러한 모순은 곧 아름다움의 근원이기도 하다. 아름다움의 가치는 죽음과 삶, 고통과 희망, 초월과 세속 사이의 긴장 속에서만 인식될 수 있는 어떤 것이기 때문이다.

이러한 시각은 역사적 존재들로 확장되면서 좀 더 비장해진다. 문효치 시인은 역사 속에서 자신의 소명을 다하고 죽어간 존재들을 찾아낸다. 예를 들면 "계백", 무령왕과 왕비, 백제인 등. 시인은 이 백제인을 세속과 절연하는 숭고한 인간의 정신으로 재발견한다. 물론 그것은 이미 소멸해버린 존재의 것이기에 더욱 아름답게 빛난다. 단 한 번 존재하므로 영원히 기억되는 유년시절처럼. 그러나 이 반복할 수 없는 아름다움의 근본에는 무한히 지속되는 삶의 보편적 가치가 가로 놓여 있다. 즉, 그것은 실존의 지향이다. 실존의 지향이란 나약하지만 생의 어떤 위협으로부터 결코 도망치지 않음으로써 자신에게 부과된 존재의 의미를 다 살아내는 것이다. 평범한 무명옷의 백제인들은, 지위고하를 막론하고 아무리 큰 고통일지라도 피하지 않았다.

> 싸움은 이미 지기로 되어 있었다 그러나 계백의 오천 병사는 죽기 위해 싸웠다 그것이 그들의 죽는 방법이었다 무덤의 앞문을 열었다 문이 열리면서 그들은 각각 한 덩이의 단단한 빛이 되어 달려 들어갔다 빛은 이 땅에 선 것들을 밝히고 그 후예의 눈을 밝혔다 죽음의 고통은 순간이었고 그 순간의 좁은 통로를 지나면 곧바로 무덤의 뒷문이 열렸다 그리고 뒷문을 통해 무한의 자유에로 나갔다 그들의 죽는 방법은 이렇게 당당하고 지혜로웠다
>
> —「싸움 -백제시편 · 11」 전문

이미 질 것이 분명한 싸움이지만, 피하지 않았다. 이것은 무엇을 의미하는가. 그것은 삶의 어떤 국면 속에서도 도망치지 않는 실존의 의지를 의미한다. 전장에 나간 백제의 오천 병사는 당당하게 자신의 죽음을 선택한다. 그들은 적군 앞에서 도망가지 않는다. 이들 모두는 평범하게 태어났으나 마지막 순간에는 숭고한 죽음을 맞이한다. 중요한 것은 이처럼 평범 속에 깃드는 숭고함은 미래를 열어주는 윤리적인 힘을 지닌다는 사실이다. 한 존재의 죽음은 단지 그 하나에게만 국한되지 않는다. 어떻게 죽음을 선택하는가에 대한 문제는, 나 자신을 넘어 미래 세대에 대한 윤리적인 선택으로 이어지기 때문이다. 말하자면 "빛은 이 땅에 선 것을 밝히

고" 마침내 "그 후예의 눈"을 뜨게 한다. 시인이 말하는 삶의 "지혜"란 바로 이런 것이다. 나의 내부에 나 자신도 모르게 존재하고 있었던 타자를 위한 숭고한 의지를 끌어낼 때 비로소 우리는 존재의 의미를 다한다. 백제는 사라진 땅이 아니라 현재의 심연이 된다.

> 묻혀버린 왕국은
> 이 강에 그대로 녹아
> 무성한 도회의 거름이 되어
> 새로 피는 꽃대궁에
> 솟아나고 있었다
> —「백마강」 부분

자유의 역설과 생의 의지

문효치 시인을 설명하는 가장 중요한 단어는 "자유"가 아닐까. 그러나 그의 자유는 매우 역설적이다. 즉, 자유는 한계가 없는 무한한 자유가 아니다. 세상 전체를 뛰어넘는 초월적인 자유는 이미 자유가 아니다. 자유는 자신의 한계와 유한성에 대한 인식 속에서 비로소 자유의 의미를 만들어간다. 따라서 고통이 없다면 자유 또한 존재할 수 없다.

그런데 이러한 자유는 생명 존재 내부에서 결코 한 번도 소멸한 바 없다. 생에 대한 의지, 즉 죽음에 대항해 생명을 지속하려는 의지는 생명의 본성이기 때문이다. 생이 무의미하게 소모되어 가는 것에 맞서, 그러니까 사물화된 생의 소비에 저항해 생의 진정한 목적을 이루려고 하는 행위, 그것이 곧 자유이다. 그러므로 진정으로 두려운 것은 소멸이 아니다. 생의 의지를 빼앗기는 것이 더 두려운 일이다. 삶의 의지를 잃어버리는 순간, 고통을 피해 순응하는 순간 생명은 자신의 진짜 동력을 잃고 만다.

> 칼이여 쇠여 네가 아직은 나를 죽이지 못하였구나 검은 기름에 젖어 닳아지

는 불 닮아지는 손 소나기처럼 태풍처럼 까끌까끌한 소음을 몰아 쳐들어오는 번쩍거리는 쇠여 뱃속에 가득 찬 소화불량의 찌꺼기. 유혹의 혓바닥을 거느리고 날카로운 흉기의 날을 갈아대는 그리하여 칙칙한 대숲의 사이사이로 스며드는 바람의 음흉한 수족처럼 넘쳐오면서 오 그러나 살의 살 속에 사는 인간의 잔뿌리 뿌리에 서려 있는 질긴 생명을 아직은 무찌르지 못하였구나 섬광의 쇠여

— 「섬광의 쇠여」 전문

목숨 한 덩이 견고한 상자 속에 구겨 넣어
밀폐의 못질 소리 하늘 울리고
아버지, 죽는다는 것은 무엇일까요
당신의 망치에 힘이 붙을수록
나는 점점 자유의 빛이 육신으로 스며들고

— 「못질 –사도세자」 부분

섬광의 쇠로도 꺾을 수 없는 것이 있다면 그것은 바로 생의 의지다. 살의 살 속에 살고 있는 질긴 생명은 어느 누구도 어쩌지 못한다. 뿌리마다 서린 생명에의 의지를 꺾는 것은 외부의 존재가 아니다. 생명을 꺼뜨릴 수 있는 것은 언제나 그렇듯 절망 앞에서 좌절하고 마는 그 자신뿐이다. 가령 시인은 묻는다. 사도세자와 같이 견고한 상자 속에 갇혀 동물과 다를 바 없는 목숨 한 덩이로 전락할 때, 인간은 자신의 존엄은 지켜낼 수 있는가. 사도세자가 죽음 앞에서 자유로울 수 있다고 상상하기 위해서는 육체적 죽음 이후에도 존재하는 생의 의미를 생각할 수 있어야 한다. 육신에 스미는 죽음의 공포 속에도 굴복하지 않는 정신이 있었기에 사도세자는 존엄한 죽음을 맞이할 수 있었다. 시인은 인간이 추구해야 할 자유의 본질이 무엇인지 보여준다. 죽음은 육체를 사로잡을 수는 있지만 정신마저 소유할 수 없다.

그러므로 문효치 시인은 죽음에 대해 의연하다. 시인에게 죽음은 두려운 대상이 아니라 새로운 삶으로의 이동 혹은 생성을 의미한다. 그것은 소유의 논리를 벗어나, 모든 것을 내려놓음으로써 가능해진다. 설령 그것

이 그 자신의 이름일지라도.

이름을 붙이지 말아다오
거추장스런 이름에 갇히기 보다는
그냥 이렇게
맑은 바람 속에 잠시 머물다가
아무도 모르게 사라지는 즐거움

두꺼운 이름에 눌려
정말 내 모습이 일그러지기 보다는
하늘의 한 모서리를
쪼금 차지하고 서 있다가
흙으로 바스라져

내가 섰던 그 자리
다시 하늘이 채워지면
거기 한 모금의 향기로 날아다닐 테니
이름을 붙이지 말아다오
한 송이 '자유'로 서 있고 싶을 뿐

—「공산성의 들꽃」 전문

들꽃은 이름이 없다. 그저 "맑은 바람 속에 잠시 머물다가" 사라진다. 들꽃에게는 소멸에 대한 두려움도 죽음에 대한 공포도 없다. "하늘의 한 모서리를/ 쪼금 차지하고 서 있다가/ 흙으로 바스라져" 버리면 그 뿐. 한 모금의 향기만이 들꽃이 소유한 전부이다. 시인은 이름 없이 살다 이름 없이 사라지는 들꽃에게서 인간은 결코 지니지 못한 자유의 품격을 발견한다. 이름을 갖고 땅을 소유한다면 할 수 없었던 탈속脫俗이다. 그것은 인위적으로 되는 것이 아니다. 들꽃은 이 땅 위에 "그냥 그렇게" 자연스럽게 살다 간다. 생명은 갇히지 않는 정신이며, 그것이 곧 자유이다. 그러므로 죽음을 받아들인다는 것은 자유의 본질에 다가서는 것이다. 하물며 병病도 그렇다. 병 또한 내 안에 존재하는 삶이며, 나의 밖으로 밀어낼 수 없다. 시인은 병마저 "평생 내 몸속에 들어 나를 만들고"(「병에게」) 있는 또 하나의 힘으로 이해한다.

> 이 힘을 어찌할거나
> 하늘가, 아무리 솟구쳐 뛰어도
> 식지 않는 사랑
> 땅 끝에 이르러 그리움이 되는데
> 세월 건너 아스라이 가버린 그대
> 그리움에 씻겨 단단한 보석이 되다가
> 그것도 지쳐 바스라져 가는데
> 저 혼자 솟구쳐 뛰어오르는
> 이 힘을 어찌할거나
> — 「땅 끝에서」 전문

문효치 시인은 말한다. 산다는 것은 이러한 생의 의지 자체이다. 생명은 "저 혼자 솟구쳐 뛰어오르는 힘"이다. 진정으로 산다는 것은 어떤 특정한 주제와 철학에 얽매이지 않는다는 것이다. 중요한 것은 생을 추동하는 동력과 새로운 의미의 생성을 멈추지 않는 것이다. 이제까지 존재한 바 없는 사물과 사물들의 관계를 창출하는 것, 그것이 삶이자 자유이며, 시詩이다. 그것은 사랑의 경우에도 마찬가지이다. 사랑은 대상에 의해 촉발되는 어떤 마음의 상태가 아니다. 타자를 향한 존재 내부의 생에 대한 동력, 그것이 바로 사랑이다. 그러므로 사랑은, 사랑하는 대상이 "세월 건너 아스라이 가버린" 후에도, 영원히 지속되는 "힘"이다. 누구나 가슴속에 "숯불처럼 빛나고 있는 님 하나씩" 있다(「손에 대한 명상 · 3」)는 말은 그렇게 이해되어야 한다.

문효치 시인의 시에는 세속의 자리가 없다. 그는 언제나 더 격정적으로 삶의 순간들을 사랑하고 포착한다. 세속을 벗은, 숭고한 형태로 고양

된 감정들이 그의 시를 이끌어가는 힘이다. 시인은 절대적인 비극과 그것과 마주한 강건한 자유의지가 부딪치는 긴장 속에서 살아가길 갈망한다. 하여 그는 생의 고통 앞에서 물러서지 않으며 당당하게 맞선다. 그리고 고난을 향해 명령한다. "감기어라 바람아 끝의 한 오라기까지도 와/ 기다리며 굳은 모가지에 휘감겨/ 제 부는 가락에 핏자죽을 쏟아 놓아라"(「바람 앞에서」).

그러므로 시인은 오늘도 평화 속에 귀의하지 않는다. 끊임없는 긴장 속에서 자신의 자유의지를 벼려왔으며 앞으로도 그럴 것이다. 스스로 고백하듯, 칠십을 넘어선 그는 여전히 "줄을 타는 광대"(「광대」)다.

문효치 시선집

차례

1부 섬광의 쇠여

2부 희한한 물의 나라

3부 백제인의 미소

4부 개불알꽃

지혜사랑 시선집 004

각시붓꽃

문효치 시선집

발　　행 2015년 5월 20일
지 은 이 문효치
펴 낸 이 반송림
편집・디자인 김지호
펴 낸 곳 도서출판 지혜
　　　　　계간시전문지 애지
기획위원 반경환 이형권 황정산
주　　소 300-812 대전광역시 동구 선화로 203-1 2층 도서출판 지혜 (삼성동)
전　　화 042-625-1140
팩　　스 042-627-1140
전자우편 ejisarang@hanmail.net
애지카페 cafe.daum.net/ejiliterature

ISBN : 979-11-5728-028-5 03810
값 25,000원

이 책의 판권은 지은이와 도서출판 지혜에 있습니다.
양측의 서면 동의 없는 무단 전재 및 복제를 금합니다.